www.tredition.de

Gedichte

und

Gedachtes...

...ungeordnet...*

**...wie das Leben...*

Wolf von Fichtenberg

Rabenfeder

Gedichte und Gedachtes

www.tredition.de

© 2019 Wolf von Fichtenberg
Erste Auflage

Umschlaggestaltung, Illustration: Wolf von Fichtenberg

Verlag: tredition GmbH
978-3-7482-3692-4 (Paperback)
978-3-7482-3693-1 (Hardcover)
978-3-7482-3694-8 (e-Book)

Bibliografische Information der Deutschen Nationalbibliothek:
Die Deutsche Nationalbibliothek verzeichnet diese Publikation in der Deutschen Nationalbibliografie; detaillierte bibliografische Daten sind im Internet über http://dnb.d-nb.de abrufbar.

Reim

Es ist nun schon seit Tagen
kein einzig Wort geschrieben,
da muss ich doch mal fragen,
wo ist der Reim geblieben?

Im Kohlenkeller ist er nicht
und auch nicht im Karton,
im Keller hat man zwar kein Licht,
doch etwas sieht man schon.

Wo ist der Reim, wo steckt das Wort?
Hat es sich etwa aufgelöst?
Geschah an ihm vielleicht ein Mord?
Oder schläft 's, ist weggedöst?

Na dann werd' ich etwas dichten,
ob es sich reimt ist Einerlei,
wird' wortgewaltig Reime richten
und bricht der Boden auch entzwei.

So geht' s nun los,
so wird es sein,
die Silben drechsle ich famos,
nur leider fällt mir jetzt nichts ein…

Schreib ich über Bergeshöhen?
Oder von dem weiten Strand?
Vielleicht auch von der Sonne glühen?
Nein: Vom Menschen Unverstand!

Ich werde wohl das Letzte nehmen
und so entsteht nun das Gedicht.
Doch Träumerei mit seinem Sehnen,
wer liest es und versteht es nicht?

So lasse ich' s denn für heute sein
und mache andre Sachen,
auf „Sein" da reimt sich Schein
und auf „Sachen" Lachen.

Bis hierher hast Du es gelesen,
hast an Erkenntnis wohl geglaubt,
doch es ist nur dies gewesen:
Ich hab ' Dir etwas Zeit geraubt.

Sonnenstrahl

Der Jüngling ward zum reifen Mann
und träumt sich durch sein Leben.
„Wo steh` ich jetzt, was fang ich an,
wohin nur geht mein Streben?"

Er fand die Maid - vor langer Zeit
und gab zum Bunde ihr die Hand,
sprach Treue für die Ewigkeit,
betrat ein Land aus feinem Sand.

Die Zeit verlöschte das Gefühl,
warf Schatten über jeden Stein
und die Flamme wurde kühl.
Er spürte: Ich bin wohl allein.

So blieben ihm nur noch die Träume
und er sah, er war kein Held,
was fest gebaut zerbrach - nur Schäume,
zog nun allein er durch die Welt.

In der Seele tiefe Qual,
so streifte er weit durch das Land
und suchte nach dem Sonnenstrahl
zu halten ihn in seiner Hand.

Er wacht auf: Da sah er SIE.
Golden das Haar und Augen so grün,
der Sonnenstrahl, so hell wie nie,
nichts gab es Schön'res wie ihm schien.

„Ich habe Furcht - ich trau mich nicht,
den Liebreiz zu berühren,
hab` Angst zu brennen in dem Licht,
wohin willst Du mich führen?"

Der Sonnenstrahl ging vor zum See,
die Blume spross bei jedem Schritt,
die Haut war glatt und rein wie Schnee,
er griff die Hand und folgte mit.

„Komm, ich teil' mein Reich mit Dir",
lacht Sonnenstrahl, er hört's im Herzen,
„aus dem Ich wird dann ein Wir,
so hell wie tausend Kerzen."

Zart und warm erstrahlt die Sonne,
und Ketten sprangen, das Eis zerbrach.
Er spürte Verlangen, Sehnsucht, Wonne,
„Ich trau mich nicht." „Ach folg' mir nach..."

„Kann ich Dich Sonnenstrahl denn halten?
Du bist so schön, wie reines Licht,
mein Innerstes ist so gespalten
und uns're Zukunft seh' ich nicht."

„Spring nur. Spring! Ich halte Dich,
Du hast nichts zu verlieren
und wenn Du fällst, dann fass ich Dich,
will Deine Nähe spüren."

Er sah sie an und ward voll Glück
und in den Lenden stieg Verlangen,
er nahm den Fuß, ging Stück für Stück,
ward ihrem Liebreiz ganz verfangen.

Kann nicht schlafen, trinken, essen
muss nur an die Eine denken,
kann sie gar nicht mehr vergessen,
will mich in ihre Tiefe senken.

Der Sonnenstrahl umhüllt ihn ganz
und es leuchten die Augen so grün und grau,
das Eis, es schmolz durch Sonnenglanz.
Ja, ich will Dich als Mensch und als Frau.

Will mit Dir durch Wolken schweben,
zu den Sternen hoch hinauf,
will den Liebestraum erleben,
ach - hört er eines Tages auf?

Fang mich, halt mich, gib mir Glück,
bist Seele, Körper, starker Ring.
Es gibt jetzt nichts mehr, geh' nicht zurück,
es ist entschieden: Ja, ich spring'!

Nixentraum

Das Wasser schaut mit sanfter Gier,
die Nixe streicht ihr gülden Haar,
komm, vereinig' Dich jetzt hier,
in meinem Reich, wir werden Paar.
Ich streiche Deine Sorgen aus,
die Last trägst Du dann leicht,
mein Palast wird dann Dein Haus,
Dein Lebensziel wurd' nun erreicht.

Und starrend in das kalte Nass,
selbstgefühlter Eigenhass,
ein Schritt nur bis zur Ewigkeit,
dann endet eine Lebenszeit
und es raunt ganz leis' im Ohr:
„So komme doch… so gehe vor…".

So sieht man Lebensbahnen zieh'n
will tauchen in die Nacht hinein,
ein Schritt ist's nur, ach einfach flieh'n,
vor Einsamkeiten, dem Allein…
Der Nixe Lachen reizend froh,
die Tränen wässern Augen ein,
der Horizont ist nirgendwo,
so steht er dort und ist …allein.

Und starrend in das kalte Nass,
selbstgefühlter Eigenhass,
ein Schritt nur bis zur Ewigkeit,
dann endet eine Lebenszeit
und es raunt ganz leis' im Ohr:
„So komme doch… so gehe vor…"

Um ihn herum nur dunkle Nacht
dann schreckt er auf…- Er ist erwacht…

Blüte

Das Auge sieht…
das was geschieht
doch was es ist
sieht nur das Herz
das nie vergisst
Trauer und Schmerz
Liebe und Leid
für alle Zeit.

Und Seelennarben
die verdarben
manchen schon
nur Spott und Hohn
sind geblieben
das Lachen vertrieben
doch ein Mensch voll Güte
ist auch verdorrt noch eine Blüte.

Die Stimme

Sie trafen sich, des Hochmut's voll
und sprachen über'n Lauf der Welt.
Sie lobten sich, sie war'n ja toll,
allein nur ihre Meinung zählt.

Und jeder redet, was er dacht
und ausgebrütet hat dabei
und hört nicht wie der andr'e lacht,
was dieser sagt, ist Einerlei.

Weit vorwärts schaut man, Nabelschau
und sieht nur das, was eigner Wille
und kommt sich vor, so furchtbar schlau,
mir deucht, hier nützt wohl keine Brille.

So reden sie, sie wissen Alles,
verkünden Thesen, wunderbar,
doch in der hehren Lebenshalle
verirr'n sie sich, wie sonderbar.

„Wie kann das sein?" kam nun die Frage:
„Wir haben alles doch bedacht,
den Weg zu finden, welche Plage...",
als unsichtbar wohl jemand lacht.

„Wer lacht da?" schauten sie nun auf
und eine Stimme dann erklang:
„So ist nun mal der Weltenlauf,
ihr predigt grad den Untergang.

Ihr habt so Vieles euch ersonnen,
und alles mehrfach auch beäugt,
ist der Gedanke nie gekommen,
dass sich vor Euch die Welt nicht beugt?"

„Wer bist du?" riefen sie vereint,
„Ihr wisst doch alles - sagt ihr es mir!"
Da schwiegen sie und einer weint.
„Geduldig ist wohl das Papier."

So sprach die Stimme: „Will euch sagen,
meinen Namen, euch bekannt:
Vernunft heiß ich, seit alten Tagen,
doch ihr seid vor mir weggerannt."

„Niemals!" schrien sie im Chor.
Und waren wieder stolz vereint
Erkannten nicht, das sie der Tor…
Und traurig nun die Stimme weint.

Rabenfeder

Ein Nebelhauch streift Rabenfeder
und sein Geschrei das Mark erweicht,
Elfentanz und Tau fällt nieder,
wenn der Wolf den Mond erreicht.

Gierig' Fänge schlucken ihn,
Dunkelheit und ewig' Nacht,
Nachtgelichter, flieht dahin,
aus alter Tiefe steigt die Macht.

Feuersbrünste, Funkenflug,
rotes Haar und rot' Gewand,
Hörner und manch and'rer Trug
strecken Dir fein hin die Hand.

Habe Dich beschworen, Geist der Zeit,
zwinge Dich mit meinem Willen,
auf die Knie, jetzt sei bereit,
mir meine Wünsche zu erfüllen.

Sträub' dich nicht Du Brut der Hölle,
das Pentagramm, es ist mein Schutz,
unterliegst jetzt dem, was Wille,
fürcht' Dich nicht, ich bin Dein Trutz.

Gewähre mir nun mein Verlangen,
schließe jetzt mit mir den Pakt,
der Dich an mich lässt fest nun hangen,
drei Tropfen Blut sind der Kontrakt.

Sieben Jahre soll es gelten,
sieben Jahre ist es Brauch,
mache mich zum Herrn der Welten,
sink' Du nieder, auf den Bauch!

Fürst bist Du - in Deinem Reich -
jetzt nun sollst du Diener sein,
nach dem Federstrich sogleich,
mache mir die Welt ganz mein.

Kein Wort von Dir, der einstmals wollte,
den Himmel stürzen, Göttern gleich,
bis man ihn trat, dann Demut zollte
nur Dämonen, Totenreich.

Vergiss es. Sieben Jahre
bin ich König, alles mein,
doch erst nach der Totenbahre,
werd' ich dienen, werde Dein.

So gebe mir das höchste Gut,
das, was Du niemals hast erfahr'n.
Nein, nicht des Goldes Feuerglut,
gebe mir geleitend Hand und Arm!

Der Liebsten, deren Wert so unermesslich,
deren Anmut die Äonen greift,
die so schön ist - wie Du hässlich -
deren Hauch den Himmel streift.

Du weigerst Dich, Du Fürst des Dunkels?
Einzig dies, dass Du nicht kannst?
Du Morgenstern, was ist Dein Funkel
gegen ihrer Augen Glanz?

So hast Du nun den Pakt gebrochen,
Du unterwirfst Dich? Unbemüht?
So geh' woher Du bist gekrochen,
das Dein Schwefelhauch verflieht!

Der Elfe Tanz im Tau des Morgens,
der Kuss ist Reichtum wie noch nie,
ein Blick von Ihr vertreibt die Sorgen.
Der Name Klang ist Poesie.
Die Liebe? Gibst Du nie!

Nasenring

Sie reden.
Ja, sie reden.
Vor Wahlen erzähl'n sie's Jedem:
Dass alles bald schon besser wird,
nach dem Kreuzchen bist du angeschmiert
und hörst dann hohle Phrasen,
vorgefertigt, wie Sprechblasen,
in einer Sprach' die nicht die Deine ist,
- verklausulierter Inhaltsmist -
und wütend Deine Faust geballt,
daheim dann auf den Tisch sie knallt
und schimpfst dann wieder lange Zeit.
Wann wachst Du auf?
Wann bist Du bereit?

Der Tag an dem Du ihnen sagst:
Dass ihr Tun nicht Dein Wille ist,
das man Dich lange Zeit vergisst
und sich an Dich nur dann erinnert,
wenn kein Geld mehr in den Kassen schimmert.
Die ganze Welt spielt Blinde Kuh,
nun, sage mir, spielst es auch Du?
Glaubst Du alles was man sagt?
Hast Du jemals etwas hinterfragt?
Gezweifelt und auch Nein gesagt?

Man lächelt freundlich, ach… wirst Du geplagt
und bück' Dich schön, geh' mit der Masse mit.
Du nennst es Glück, wenn dann ein Tritt
nicht Dich trifft, sondern irgendwen.
Du kannst es seh'n,
wie er dann in der Gosse liegt,

Du über ihm, stets unbesiegt…
Und wenn es dann an Dir nun reißt,
erkennst Du nicht was Dich da zieht:
Dann kratze Dich, denn wohl zumeist
den Nasenring oft niemand sieht.

Dämmerung

Wenn die Sonne untergeht
und die Nacht das Land bedeckt,
dann wird ein Traum herbeigeweht
und Sehnsucht in Dir wohl erweckt.

Siehst Sternenzelt und Mondeslicht,
auch Nachtgelichter überall,
siehst alles Du aus and'rer Sicht,
der Sonne nächtlich tiefer Fall.

Der Mond beherrscht jetzt diese Welt
und Dunkelheit verbirgt die Sicht,
das Herz allein ist was nun zählt:
In ihm erbrennt auch jetzt noch Licht.

Das Morgenrot am Horizont
es kündet Dir den neuen Tag -
sahst Du, wo Deine Seele wohnt?
Oder sahst du Müh' und Plag?

Du bist der Herrscher Deiner Sicht,
gefangen in der eig'nen Zeit,
die Ketten aber brichst Du nicht,
doch sei zur Freiheit stets bereit!

Horizont

Gefangen bist du in der Welt
und Ketten halten Dich so fest.
Bist' fast ein Nichts, das gar nicht zählt,
für andere oft nur der Rest.

Das freie Leben gab man Dir
und zeigte Dir den Weg am Tag,
das freie Leben nahm man Dir,
unverhofft traf Dich der Schlag.
Das Leben? Eine Illusion,
die Freiheit? Nur ein Wort
und Parolen voller Hohn…
doch stehst Du auf, sperrt man Dich fort…!

Gefangen und auch Schauobjekt
und im letzten Atemzug,
gemartert und im Dreck verreckt.
Der Horizont? Nur Selbstbetrug.

Und im letzten Atemzug:
Der Horizont… Nur Selbstbetrug.

Federstrich

Ein Augenwisch, ein Federstrich
und die Statistik zeigt nach oben,
das Menschenschicksal kümmert nicht,
nur wichtig ist: Sie stets zu loben,
die an den Hebeln steh'n der Macht,
dort, mit arg besorgten Blicken…
Im Stillen wird lauthals gelacht:
Sieh, wie sie vor dem Thron sich bücken,
hin zu den geworf'nen Bröseln
und geifernd auf den Nachbarn schau'n,
kniend vor Eliteschnöseln,
die sie dann in die Pfanne hau'n.

Der Lobby scheinen sie verpflichtet,
der Amtseid klingt wie hohles Wort
und wenn dann alles ist vernichtet,
so stehlen sie sich leise fort,
in Aufsichtsräte, Banketagen,
in wohlgestaltet Frühpension,
beantworten auch nie die Fragen,
ihr Tun ist einzig Spott und Hohn.

Und staunend sitzt der Bürger
am Wegesrain und sinnt,
bis neben DIR dann steht ein Würger…
…Zu spät erkannt, denn Du warst blind!

Rosen

Wer Rosen ohne Dornen will,
der hat ein niedrig' Lebensziel;
der gierig nach der Schönheit greift,
den hat das Leben nicht gereift.

Ohn' Dornen wär die Rose fad,
denn Dornen sind's, die sie bewahrt,
einfach so gepflückt zu werden,
Duft gerochen, fallend zu Erden.

Die gierig, ungelenke Hand,
die alles will, doch ohn' Verstand,
die Rosen nicht von Disteln scheidet,
und gierig sich am „Haben" weidet.

Die bricht, um bangen Mut zu zeigen,
die niemals hört der Liebe Geigen,
nicht Sonne sieht, noch Sternenlicht,
und glaubt, die Rose löscht den Wicht.

Oh, breche nicht, was dort so schön,
frei blüht sie, so lass sie steh'n,
wer Ehrfurcht und auch Anmut zeigt,
dem ihre Schönheit sie wohl neigt.

Mit Blütenblättern, zartem Duft,
erkennst Du's nicht, du armer Schuft?
Die Rose will geliebt nur werden,
dann ist sie Dein, allein auf Erden.

Schatten

Schatten sind wir in der Welt,
Hüllen nur, doch auch beseelt,
das Einzige, was wirklich hält,
ist Freundschaft, die sich ausgewählt.

Wer Du bist, das lernten wir,
wer Du wirst, das nun nicht mehr,
bist gegangen, nicht mehr hier,
so laufe mit, in Rauhnachts Heer,
mit Wölfen und der Reiter Tanz
und folg´ dabei der Raben Flug,
derweil Walküren Schilderglanz
Dich auch heim nach Asgard trug.

Das Mondlicht einer vollen Nacht
der laue Wind, das Sonnenlicht,
der Erden Düfte, volle Pracht,
erinnern uns, vergessen nicht!

Allein

Allein zu sein ist ein Vergnügen,
was zerstört ist Einsamkeit,
allein bestimmst Du Dein Vergnügen,
Zweisamkeit birgt in sich Streit.

Beides klingt sehr ähnlich,
doch es ist ein Unterschied!
Wer es nicht sieht, den nenn´ ich dämlich,
weil er ins Selbstmitleid sich flieht

und jammernd an dem Fenster sitzt,
die Stirne an dem Glase kühlt,
das Verlangen in ihm schwitzt
weil er nur noch... sich selber fühlt.

Traum - verloren

Die Kinder sind so gut geraten,
der Boden glänzt, als sei er neu,
im Ofen schmort der Festtagsbraten,
Sie war ihm all die Jahre treu,
der Fenster Glanz, er spiegelt,
Gardinen strahlen weiß,
die Hemden frisch gebügelt
und ihr, ihr wird nun heiß.

Sie schaut in leere Räume,
das Leben ist ihr schal
und flieht sich hin in Träume,
die Seele schreit und weint vor Qual.
Doch anders wird es morgen,
Sie wird den Weg dann geh'n,
geordnet und doch Sorgen,
Sie weint, kann´s nicht versteh'n.

Doch morgen wird es anders,
Sie sucht den Horizont,
Sie sucht das Schloss der Träume,
in dem ihr Leben wohnt.
Geordnet und gebügelt.
Das Heim ist eine Zier,
ihr Leben ist besiegelt,
es streicht vorbei an ihr.

Geordnet und gebügelt,
macht jedem alles recht,
die Wünsche sind versiegelt,
ist jedem Frau und Knecht.
Doch morgen wird es anders,

Sie sucht den Horizont,
Sie sucht das Schloss der Träume
in dem ihr Leben wohnt.

Die Blumen dort am Fenster,
ein buntes Bild der Welt,
Sie sieht die Farben finster,
Sie funktioniert, das zählt.
Doch morgen wird es anders,
Sie sucht den Horizont,
Sie sucht das Schloss der Träume,
in dem ihr Leben wohnt.

Ein Blick auf den Kalender,
der Tage Flut verrinnt.
Gedanken wandern rückwärts,
als Sie noch war ein Kind
und glaubte das die Träume,
einst greifbar sind für Sie.
Die Träume wurden Schäume
Erreichten sie Sie nie?

Doch morgen wird es anders,
Sie sucht den Horizont,
Sie sucht das Schloss der Träume
in dem ihr Leben wohnt.

So sucht Sie sich seit Jahren
und fand sich nie dabei,
das eigne Ich zerfahren,
das Leben zieht vorbei.
Doch morgen wird es anders,
Sie sucht den Horizont,
Sie sucht das Schloss der Träume,
in dem ihr Leben wohnt.

Sie öffnet jetzt die Türe,
macht einen Schritt und geht,
hinaus ins eigne Leben,
vielleicht ist es zu spät?
Sie zögert. Zittern, beben,
das Gartentor schreit „Halt".

Sie dreht sich um…
…Doch morgen wird es anders,
Sie sucht den Horizont,
Sie sucht das Schloss der Träume
in dem ihr Leben wohnt.

Doch morgen wird Sie gehen,
nur heute geht es nicht,
das Morgen wird Sie sehen
denn jetzt ruft Sie die Pflicht….

Traum

Ich tauche ein die Feder,
ins Tintenfass der Zeit,
der Kiel, ganz sanft er gleitet
und stehe nun bereit.
Bin gestern erst geboren,
doch seh' schon Abendrot,
hör heut' noch Kinder lachen,
doch wartet schon der Tod.

Es war ein kurzes Leben,
im langen Lauf der Welt.
Hab alles wohl gegeben,
denn das alleine zählt;
ich habe auch genommen,
von Reichen oft an Zahl
und seh' mich noch verschwommen,
gebrannt mit Ketzers Mal.

Das Schattenlicht, der Sturmwind,
der Schnee, das kalte Eis,
die Zeit verrann im Flugwind:
Vom Kinde hin zum Greis.
Im Nebel, nah' am Auwald,
da sah ich Dich wohl steh'n,
ein Lächeln, doch wie Eis kalt,
ich hörte auf Dein Fleh'n,
Du beugtest Dich hernieder,
Dein Kuss war sanft und weich,
Leben legt sich nieder:
Ich sterbe nun, geh' in Dein Reich.

Die Feder ist ein Traum nur,
ich gleite in das Licht,
die Barke, das mich herfuhr,
mein Augenlicht zerbricht…
Und Feuerglanz der Seele
zerstaubt am Firmament,
vorbei die Furcht, Gequäle,
so ist dies wohl das End'.
Geburt, gebroch'ne Eide,
das ist mir jetzt so fern,
spür nichts mehr, keine Leide,
bin Staub nur -… bin kein ein Stern.

Und...

....Und ein Stern ist gefallen,
rot am Horizont verglüht,
aus dem Meer nun Nebel wallen,
Gischt empor zum Himmel sprüht.

...Und ein Schatten streicht vorüber,
der ihr Haar berührt, ganz sacht,
denn Sie sieht ihn nie wieder,
seit Er eintrat in die Nacht.

...Und Er lebt ich ihrem Herzen,
ewiglich und immerdar,
manchmal spürt Sie auch die Schmerzen
und träumt, wie es gewesen war.

...Und seinen Atem trägt der Wind,
seinen Namen schreit der Sturm.
Traurig schaut sie... wie ein Kind.
Doch Sie ist Drache und nicht Wurm!

...Und Sie gab alles, selbst das Letzte,
das ein Weib zu geben mag,
und der Morgentau benetzte,
Morgenröte, junger Tag.

...Und Sie sieht ihn jetzt nie wieder,
doch dereinst, das ist gewiss,
in eines andern Leben Lieder,
ohne Trauer, ohne Riss.

…Und Seelen schmelzen über,
in den Andren, den man liebt,
und kein Dunkel dort wird trüber,
weil die Liebe stets vergibt.

…Und spür' den Atem in Dir,
Salz mischt sich auf unsrer Haut,
denn auch er steht noch zu ihr,
und ihr Rufen stöhnt auf laut.

…Und der Stern? Er ist gefallen,
tief getaucht in schwarzes Meer,
hoch die Gischt und Wogen wallen,
denn sie liebten sich so sehr.

Vogel...Traum

Die Zeit ist fortgeschritten
Und niemand hat gereimt?
Nun, dann lasse ich mich bitten
und finde Worte, fest verleimt.

Ein Vogel saß auf einem Baum
und sang ein fröhlich' Lied:
Ich hörte ihn fast wie im Traum,
ob der Vogel mich wohl sieht?

In der Sonne warmer Glut,
auf einem Ast, fast unscheinbar,
das Federkleid es tarnt ihn gut
und sein Gesang er klinget klar.

Ach Vogel, Du fliegst in die Welt
und sorgst Dich nicht den ganzen Tag,
der Mensch jedoch sorgt sich ums Geld
und es beugt ihn diese Plag´.

Du breitest Deine Schwingen aus,
der Mensch starrt nur zu Boden,
der Horizont begrenzt Dein Haus,
Der Mensch wurd' Sklave der Dioden.

Er flog auch einst in den Gedanken
und Grenzen kannte er fast nicht.
Es gab für ihn gar keine Schranken,
doch nun wird er zum kleinen Wicht.

Du verstehst es nicht,
dort oben in des Baumes Ästen,
Du hast nur der Sonne Licht,
der Mensch jedoch…lebt von den Resten.

Hingeworfen und gebückt,
Du beendest nun Dein Lied,
die Wahrheit ist uns wohl entrückt,
und Du verstehst nicht, was geschieht.

Deine Schwingen tragen Dich,
der Mensch hat sie verloren,
Du grüßt die Sonne? Sicherlich.
Er sieht sie nicht, bleibt blind geboren.

So verklingt des Vogels Lied
und ich schaue hoch zum Baum,
ganz sicher flöge ich gern mit,
doch es bleibt für immer Traum.

Nordwind

Nordwind trifft mit Eises Speeren
so tief im Midgards Herz hinein,
Menschen, warum wollt ihr wehren?
Verloren ist der Iduns Hain!
Lateingesang erklinget nun
und auf den Knien tief gebeugt,
ist gebrochen der Hagzisse Run'
und jeder Gode wird beäugt.
Aus Muspelheim die Flamme schlägt
und Naglfahr durchteilt die Flut,
weil die Tiara nicht erträgt
der Helden Freiheit, Ehre Mut.
Dorngewund'nes Stirngebinde,
Opfergang am Weltenbaum.
Ich ritz' die Rune in den Baum
er ist nicht tot, noch lebt der Traum!

Bio

Aspartam und Cyclamat,
Genmais hinter Stacheldraht,
Lightprodukte überall,
fest gedickt mit Wasserschwall
und dann nennt man es gesund,
Du stopfst es rein und wirst ganz rund,
dazu dann noch einen Bioriegel,
Dosenkost im Suppentiegel,
weil das Dir den Arzt erspart -
so sagen sie - man wirbt apart
und Kühe schau'n Dich glücklich an,
aus dem Prospekt: Da ist nichts dran!

Bio, Bio, von Peking bis nach Rio,
vom Nordkap bis Afghanistan.
Jeder im Gesundheitswahn
das Zeug… aus der Retorte Hahn.

Artgerechte Bodenhaltung,
festgelegt von der Verwaltung,
auf Beton das arme Schwein:
„Hey, da passt ja noch eins rein!"
Hühnerkot vom Förderband:
Rein ins Futter, unverwandt.
Fleischersatz aus Klärschlammbecken,
wird Gewinne richtig strecken,
doch der Mensch? Der staunet nur,
ist das denn alles noch Natur?

Bio, Bio, von Peking bis nach Rio,
vom Nordkap bis Afghanistan,
Jeder im Gesundheitswahn,
das Zeug... das macht Dich arm.

Bio, Bio, von Peking bis nach Rio,
vom Nordkap bis Afghanistan,
der Mensch erliegt dem Werbewahn,
man nimmt Dich aus, weil man es kann!

Erwachen in Midgard

Frühling ward in meinem Herzen,
Baldur weckt mit Sonnenstrahl,
tausend Flammen. Lichter, Kerzen,
nun vorbei, des Winters Qual.

Es wächst und grünt auf aller Erden,
Leben strebt, wo´s tot geglaubt,
Schäfer treiben ihre Herden,
Schatten ihrer Macht beraubt.

Vögel singen, jubilieren,
in der Bäume neuem Laub,
ach, ich möchte´ auf allen Vieren
geh'n auf neuer Wege Staub.

Der Nornen Macht des Schicksalsfadens,
bindet uns're Seelen fest,
Zeit des Trauerns und des Haderns,
ist vergangen, ohne Rest.

Will alles küssen, still berühren,
mit Dir in den Sturm eingeh'n,
Schatten von der Hel entführen,
hörst Du meines Herzens fleh'n?

Seh' Freya durch die Lüfte gleiten,
der Kinder lachend wildes Spiel,
mit Dir würd ich auf Bifrost reiten,
Geliebte, sag: Will ich zu viel?

Mondschein

Der Mensch ist ein Gewohnheitstier,
drum trinkt der Mann auch täglich Bier.
Die Frau derweil hatte entdeckt,
das Sekt ihr sehr viel besser schmeckt.

So traf man sich im Mondenschein,
am Waldesrand, zu zweit – allein.
„Du kamst?! Wie schön von Dir,
darauf trink ich nun ein Bier."

Sie nickte „Ja, so soll es sein",
und öffnete den Brausewein.
Die Flaschen wurden nun geleert,
der Geist benebelt, Bein beschwert.

Man sank ins Gras und wollte Spaß.
Doch – oh Schreck - man wohl vergaß:
Das Alkohol die Stimmung hebt,
aber sonst sehr oft wohl nichts mehr lebt.

Er griff zum Bier, sie griff zum Sekt,
benebelt sie nun ausgestreckt,
im Dickicht lagen, arg betrunken,
dann übergeben und gestunken.

Die Moral von dem Gedicht:
Ob Mann, ob Frau? Sie lernen´s nicht!
Prost!

Reflektion

In der Stadt, wo ich geboren,
da floss dereinst ein Fluss,
Freunde auserkoren
und zart der Mutter Kuss.

Wir trafen uns am Ufer
und tranken aus dem See,
tobten durch die Pfützen
und wälzten uns im Schnee.

Wir sprangen über Zäune,
in klarem Sommerlicht,
vergang'ne Kinderträume,
die Schattenjagd im Licht.

Die Stadt, die mich geboren,
hat einen trüben Fluss,
teerschwarz und vergoren,
die Häuser tragen Ruß.

Das Ufer ist versiegelt,
in Pfützen schimmert Öl,
der Schneematsch auf Gefieder,
der Vögel drei ich zähl.

Das waren einst sehr Viele,
vor gar nicht langer Zeit,
der Jugend Kinderspiele,
das Lachen klang sehr weit.

Gesichter sind beschattet,
verfärbten sich zu Grau,
der Glanz ist übermattet.
Gefühle wurden flau.

Ins Licht würd'st Du gern fliehen,
man hat Dich wohl gebeugt...
Dein Glück erzeugt das Fernsehen
das Denken Dir erzeugt.

Hast Du Dich dagegen
einmal schon gesträubt?
Spürst Du noch den Segen?
Der Kaufrausch Dich betäubt!

Wohin Du schaust ist Nebel
und überall nur Tand,
der Totenschiffe Segel
bedeckten nun das Land.

Da, siehst Du jetzt das Kind dort,
es lacht Dich an und spricht -
Du jagst es mit 'nem Tritt fort,
denn heute lacht man nicht.

Man bückt sich nieder, kriechet,
nur so kommt man voran,
bis man dann freundlich riechet,
den Darm des Vordermann.

So wurde aus dem Leben,
die pure Existenz,
kannst Dich nicht mehr heben,
sitzt in der Konferenz,

hast zwar nichts zu sagen
doch jeder hört Dir zu,
kannst auch nichts erfragen:
Ach, lass uns doch in Ruh`…

Denn eine eigne Meinung,
die bringt nie Profit,
wichtig ist Zerstreuung,
bei diesem Wahnsinnsritt.

Doch manchmal, oft am Morgen,
da schaust Du auf ein Bild;
es zeigt Dich als Du klein warst,
beim Spiele, frei und wild.

Dann trifft ein feiner Stich Dich,
wohl mitten in Dein Herz,
doch dass, das ist nicht richtig,
drängst ganz rasch den Schmerz.

reihst Dich ein in Horden,
Selbst? Das wurde leer,
Hülle, kalt geworden,
Dein kennst Du nicht mehr.

Und Blick im Spiegel…
Nei as ist nicht fair!
Schön aus dem Tiegel,
denn je da Du bist „Wer".

Glaubst s Wort der Zeitung,
ni hen Herren zu,
e als Begleitung,
aubt hat seine Ruh'!

Doch an manchen Tagen,
oft beim Abendrot,
kommen Dir auch Fragen,
wer gibt Dir das Gebot?
Dazu will ich sagen: …
Schlag das Gewissen tot!

Nummer

Addiert, Subtrahiert, Nummeriert,
gewogen, gezählt, geschunden...
Überall bist' registriert,
damit Du wirst ganz schnell gefunden.

Warst einst Mensch, jetzt bist Du Nummer,
das eigne Ich? Das zählt nicht mehr!
Dumm nur und ganz ohne Kummer,
bemerkt es nicht das Menschenheer.

Und trottet so sein Leben lang,
auf vorgegeb'nen Bahnen
und folget der Musik, dem Klang,
kein Ende zu erahnen.

Es gehen alle, heißt es dann,
man drängt sich in den Lemmingzug
ja, man schließt sich eilends an,
weil man vorweg die Fahne trug.

Die Fahne ist das Folgezeichen,
ob man sie sieht oder nur ahnt,
so rennen alle ohne gleichen
und lauthals man die Gassen bahnt.

Nur Ein'ge stehen beiseit'
und schütteln wundernd ihren Kopf,
doch mit der Masse gibt es Streit,
denn ist sie nicht ein armer Tropf?

„So reiht euch ein", ruft es dann laut,
„der Fortschritt lenkt jetzt uns're Bahn!"
„Nein! Ich zahl nicht eure Maut,
denn ihr folgt stur dem Massenwahn!

Ihr seht nichts, spürt nichts, seid fast tot,
ihr kriecht umher wie Käfermaden,
am Ende seid ihr blutesrot,
am Marionettenfaden."

Da lachen sie und ziehen weiter,
immer stets im Kreis herum,
und sagen dann - zu sich - ganz heiter:
"Vorwärts, immer weiter,
Du da draußen: Du bist dumm!"

Verlassen

Was wurde aus der Liebe?
Wohin ging das Glück?
War es der Rausch der Triebe
und nicht ein Liebesstück?

Verlassen bin ich und allein
und versteh die Welt nicht mehr,
warum muss es stets so sein?
Das Leben ist unendlich schwer.

Ich helfe immer, aller Welt
und wird´ verachtet wohl dafür,
ich seh' wohl nicht, was wirklich zählt,
doch wer nur half denn jemals mir?

Seit vielen langen Jahren
erkämpfe ich das Glück,
hab' Liebe nie erfahren –
nicht mal ein kleines Stück.

Ich kann nicht lieben, bin so kalt,
das Eis gefriert in meinem Herz,
bin alter, dürrer, toter Wald,
zerstört von tiefem Seelenschmerz.

So geh ich nun in diese Zeit
und bleibe Aussatz, der ich bin,
der Weg ist steinig und so weit
und suche nach des Lebens Sinn.

Es war so schön, Dich anzusehn'
und Deine Haut zu spüren.
Doch Sommerblumen die vergeh'n,
ich muss das Bündel schnüren.

Bin alt und wohl auch sehr verbraucht,
Du bist so jung und wunderschön,
die Flammenglut wie Nebel raucht,
so muss ich denn wohl weiterzieh'n.

Ich danke Dir für diesen Blick
in eine schöne, and're Welt,
bin dort kein Teil, nicht mal ein Stück,
nur jemand der zu Boden fällt.

Es ist nicht schlimm, war immer so,
so zieh' ich mich in mich zurück,
doch in dieser Zeit, da war ich froh,
Dir wünsch' ich: Hoffnung, Liebe, Glück.

Tier-Mensch

So mancher Mensch denkt sich zum Tier,
aus Beinen zweien werden Vier,
aus Haut wird Feder, Fell vielleicht,
er denkt, dass er dem Tier wohl gleicht.

Der Feige wird zum wilden Tiger,
der Schwache träumt zum Löwen hin,
der Stolze sieht auf sein Gefieder,
der Faule träumt vom Bienensinn.
Der Dumme sieht sich nicht als Affe,
dem Eitlen deucht, das ihm nichts gleicht,
Die Neugier blickt nun als Giraffe,
zur Eleganz, die Federn streicht.

Doch ist dies hier denn nicht zum Lachen,
die Träume, die sich Menschen machen?
Nur wenige, die denken klar,
seh'n sich als Wolf, als freien Aar.
Sie selbst sich ihrer sicher sind,
im Rudel Platz, der Flug im Wind.
Sie wissen, wo sie hingehören,
wie willst du Mensch, ihr Leben stören?
Der Flug der Freiheit, Wolf im Rudel,
was bist denn Du…? Dressierter Pudel?!

Zweifel

In dem Spiegel ein Gesicht,
über das der Windhauch streicht;
dunkle Schemen, Dämmerlicht,
was Deinem Innern gleicht.

Ein Abbild zweier Leben,
die Hüllen beider Seins,
die innig sich verweben,
nach Außen, scheinst es Eins.

Ach, angeriss'ne Träume...
Nur noch Schatten bergen Dich,
ein Wald der toten Bäume,
ein Spross...regt er noch sich?

Dein Atem trübt das Glas ein
und malst einen Namen hin,
doch welcher ist der Deine?
Wer gibt dir nun den Sinn?

Wer bist Du in dem Traume?
Oder küsst Dich Morpheus nicht?
Sanft rührst Du an dem Saume,
spürst Glut und flackernd Licht
des Kleides welches Halt gibt,
voller Anmut Hülle birgt...
Wer ist es nur den man da liebt?
Ist alles schon verwirkt?

Anderland

Nimm meine Hand.
wir gehen in ein and'res Land,

nimm meine Hand,
da sind die Häuser nicht verbrannt,

nimm meine Hand,
da ist nicht Pein bei Tag und Nacht,

nimm meine Hand,
die Felder steh'n dort voller Pracht,

nimm meine Hand,
der Hunger ist dort fort, nicht Not,

nimm meine Hand,
wir finden unser täglich' Brot,

nimm meine Hand,
das Land dort kennt wohl keinen Krieg,

nimm meine Hand
da träumt der Streiter nicht vom Sieg,

nimm meine Hand,
wir gehen mit dem Sonnenlauf,

nimm meine Hand,
weiter gehen, gib nicht auf,

nimm meine Hand,
und sieh dort ist der warme Sand,

nimm meine Hand,
das Wellenspiel berührt den Strand,

nimm meine Hand,
ich reiche sie jetzt hin zu Dir,

nimm meine Hand,
doch ich hör `kein Wort von Dir,

nimm meine Hand,
und geh mit mir ins Abendrot,

nimm meine Hand
mein Kind… doch du bist…tot…

Alle Jahre wieder
(K)Ein Weihnachtslied

So, wie alle Jahre wieder
traf man sich feierlich,
bei Sekt, gesung'ne Lieder,
nach draußen sah man nich'.
Zum Wohl hob man das Glase
und sprach dann einen Toast,
in ihrer Seifenblase,
und Priester spenden Trost...

Wie alle Jahre wieder,
so fror man bitterlich.
Man sang auch keine Lieder,
für'n Schuss ging sie zum Strich.
In dieser Lebensphase,
da hilft kein Wort von Trost,
sie seh'n die Seifenblase
und beißen in den Toast,
gespendet von den Reichen,
mit mildtätiger Hand,
damit die Sünden weichen,
die Gier und Unverstand.

Der Bettler unter Brücken,
der Herr in seinem Haus,
doch aus freien Stücken,
kommt er dort nicht heraus.
Der Bettler dort mit Krücken,
ein Leben, das lischt aus,
gerade es zu rücken,
das ist der Herren Graus.

Die Angst beherrscht das Leben,
die Furcht vor tiefem Fall,
in Seifenblasen streben,
gefestigt wie ein Wall.
Die Angst beherrscht das Leben,
die Furcht vor tiefem Fall,
kann sich nicht mehr heben,
sie stirbt im Feuerball.
Die Droge gab ihr Hoffnung,
am Rand der Existenz,
ihre einz'ge Labung.
in Lebens Pestilenz…

Vertont,
zu finden auf:
https://www.youtube.com/watch?v=Oe4rCKsVLFo

Wolfzeit

Wenn die neue Zeit doch die Alte ist,
die Gier, der Neid, den Bruder frisst,
der Mann daheim die Frau oft schlägt,
weil er das Leben nicht erträgt
und Lügen Dir die Wahrheit sind,
Du kniest nur noch, gehorsam, blind…

…dann ist Wolfzeit
…dann ist Wolfzeit
…des Wolfes Zeit

Wenn Freiheit nur ein Wort noch ist,
man überall nur Phrasen drischt
und stirbt in einem fremden Land,
unbenamt und unbekannt
und Menschen nur noch Zahlen sind,
es stirbt die Liebe, stirbt das Kind…

…dann ist Wolfzeit
…dann ist Wolfzeit
…des Wolfes Zeit

Und Herren, auf dem hohen Thron,
voll Geifer, Gier und voller Hohn,
das Sektglas in die Höh' erheben
und nicht mal mehr die Seelen beben
und Trauer übers Land sich legt,
weil keiner sich jetzt noch erhebt…

…dann ist Wolfzeit …dann ist Wolfzeit
…des Wolfes Zeit …dann ist Wolfzeit
…dann ist Wolfzeit
…doch nicht mehr…Deine Zeit…

Vertont,
zu finden auf:
https://www.youtube.com/watch?v=oOo3F97RwZ8

Kaspar
(Liedtext zu Kaspar Hauser. Möchten SIE es vertonen?)

Einen Namen hat er nicht,
da steht er in dem Licht,
am Feldrain weinend, kleines Kind,
zerbrechlich, wie so viele sind,
die Augen schauen ängstlich auf,
als ahne er den Lebenslauf…
Gehasst, geächtet und verlacht
Er..
…aus dem man Kaspar Hauser macht.

Du kleines Kind,
wer warst Du einst?
Du kleines Kind,
kennt man Dich jetzt?
Ermordet…zuvor verletzt…

Der Pfarrer ruft der Meute zu:
„Lasst dieses Kind doch jetzt in Ruh'!
Es spricht nicht mal, nur stummer Schrei,
euch scheint dies alles Einerlei…
Er ist ein Mensch…Er ist kein Tier
Er fühlt den Schmerz… genau wie wir"!

Du kleines Kind,
wer warst du einst?
Du kleines Kind,
kennt man dich jetzt?
Ermordet…zuvor verletzt…

Zornig´ Augen seh'n ihn an,
den Jungen, der nichts bös' getan,

dem Kind, das man den Teufel nennt...
Bigott danach zur Kirche rennt,
dort fleht - um eignes Seelenheil -
und spuckt ihn an und knüpft das Seil,
verstohlen man zu ihm hinschaut,
dem Bastard, dem man nie getraut,
dem Abschaum, dieser Teufelsbrut...–
Pfui auf ihn! Nur wir sind gut!

Du kleines Kind,
wer warst du einst?
Du kleines Kind
kennt man Dich jetzt?
Ermordet...zuvor verletzt...

Kaspar...Kaspar.. Dein Leben ging so schnell,
Kaspar, schrei'n sie: „Fahr doch zur Höll' "!
Und Messer stechen auf ihn ein,
auf ihn, das Kind...für sie ein Schwein...
Und fühl'n sich heilig, innig gut...
Verreckt ist da .... des Teufels Brut!

Du kleines Kind
wer warst Du einst?
Du kleines Kind
kennt man Dich jetzt?
Kaspar wurdest Du genannt,
gemordet...von der „Guten" Hand.

...Gemordet...von der „Guten" Hand

...Und meine Tränen ...trinkt der Sand...

Bitte beachten Sie auch die folgenden Seiten. Vielen Dank.> >

Wolf von Fichtenberg „**Der Pfeifer**"
Packender Roman aus der Zeit des Interregnum

https://tredition.de/autoren/wolf-von-fichtenberg-1340/der-pfeifer-paperback-1966/

Erhältlich in jedem Buchhandel / Versandbuchhandel/ Amazon

Bin ich es wert?" fragt Falk seine geliebte Guinevra, als sie auf der Flucht gen Norden eilen...

Was war nur aus ihm geworden?
Er, der seine Eltern verlor, durch die Lande vagabundierte und nun auf der Flucht war.
Alles hatte er verloren, alles... Aber Guinevra hatte er gefunden und mit ihr würde er neu beginnen.
Heimatlos, verfolgt und verzweifelt bedrängt ihn sein Schicksal.
Er, der in die Zeit geboren wurde, als das Reich keinen Kaiser hatte. Das Schwert regierte und fremde Herren bemächtigten sich des Landes.
Aberglaube beherrscht die Menschen und Raubritter drangsalierten das Volk, von ihren festen Burgen aus.
Was macht ein einfacher Mann in dieser Zeit? Wie lebt er, wie fühlt er, was hält das Schicksal noch für ihn bereit? Für ihn, Falk, der doch nur den Frieden sucht und als „Rattenfänger von Hameln" in die Geschichte einging.
War er der böse Mann, mit dem man Kinder erschreckt, oder war alles ganz anders?
Lernen sie Tile Kolup kennen, der sich zum Kaiser berufen fühlt und auch den Minnesänger Eckart, der sich großspurig „von der Vogelweyde" nennt. Aber auch die liebreizende Guinevra.
Tauchen Sie ein in eine Welt, in der die Menschen in ihren Handlungen denen von heute gleichen, aber die doch so anders ist.

Hier erzählt Falk Ihnen seine Geschichte.

19,99 €
Seitenanzahl: 292
ISBN: 978-3-86850-614-3

Wolf von Fichtenberg „**Blickpunkt Religion**"
Kritische Schrift zur Religion

https://tredition.de/autoren/wolf-von-fichtenberg-24519/blickpunkt-religion-paperback-106627/

Erhältlich in jedem Buchhandel / Versandbuchhandel/Amazon

Haben Sie sich schon einmal Gedanken zur Religion gemacht?
Nein, es ist kein religiöses Buch, es ist ein Buch zum (Nach)Denken.
Sie halten eine Schrift in der Hand, die mit „Religion" betitelt ist. Ganz profan „Religion"
und jeder Mensch glaubt zugleich nun sofort zu wissen um was es sich handelt.
Dieses ist eine Streitschrift.
Gegen die Religion? Für die Religion? Wer kann dies schon sagen?
Sie werden das Thema von einem völlig neuen Standpunkt aus betrachten und... Vielleicht
erkennen Sie sich in den Gedankengängen sogar wieder...
... Oder aber Sie entzünden eine Brandfackel um mich, den Ketzer(?) zu verbrennen.

8,99 €
Seitenanzahl: 152
ISBN: 978-3-7469-6842-1

Wolf von Fichtenberg „**Der Spatz im Spiegel**"
Geschichten auch zum Vorlesen für Kinder, aber auch für Erwachsene.

https://tredition.de/autoren/wolf-von-fichtenberg-24519/der-spatz-im-spiegel-paperback-112317/

Erhältlich in jedem Buchhandel / Versandbuchhandel/Amazon

Sind Geschichten für Kinder immer nur Geschichten, die allein für Kinder bestimmt sind?
Oder sind Geschichten für Kinder nicht zugleich auch Geschichten für all jene Menschen,
die ein Stück der Kindheit in ihren Herzen bewahrt haben?
Wolf von Fichtenberg, (Sachbuch-u. Romanautor, Illustrator und Kunstmaler) hat einige
Geschichten verfasst, die Kindern vorgelesen werden können, aber auch (heimlich und unbeobachtet, das versteht sich...) von Erwachsen gelesen werden dürfen.

7,99 €
Seitenanzahl: 92
ISBN: 978-3-7482-2838-7

 **Über tredition**

EIN EIGENES BUCH VERÖFFENTLICHEN

tredition wurde 2006 in Hamburg gegründet. Seitdem hat tredition mehrere tausend Buchtitel veröffentlicht. Autoren veröffentlichen in wenigen leichten Schritten gedruckte Bücher, e-Books und audio-Books. tredition hat das Ziel, die beste und fairste Veröffentlichungsmöglichkeit für Autoren zu bieten.

tredition wurde mit der Erkenntnis gegründet, dass nur etwa jedes 200. bei Verlagen eingereichte Manuskript veröffentlicht wird. Dabei hat jedes Buch seinen Markt, also seine Leser. tredition sorgt dafür, dass für jedes Buch die Leserschaft auch erreicht wird.

Im einzigartigen Literatur-Netzwerk von tredition bieten zahlreiche Literatur-Partner (das sind Lektoren, Übersetzer, Hörbuchsprecher und Illustratoren) ihre Dienstleistung an, um Manuskripte zu verbessern oder die Vielfalt zu erhöhen. Autoren vereinbaren direkt mit den Literatur-Partnern die Konditionen ihrer Zusammenarbeit und partizipieren gemeinsam am Erfolg des Buches.

Das gesamte Verlagsprogramm von tredition ist bei allen stationären Buchhandlungen und Online-Buchhändlern wie z. B. Amazon erhältlich. e-Books stehen bei den führenden Online-Portalen (z. B. iBookstore von Apple oder Kindle von Amazon) zum Verkauf.

Jetzt ein Buch veröffentlichen: **www.tredition.de**

EINE BUCHREIHE ODER VERLAG GRÜNDEN

Seit 2009 bietet tredition sein Verlagskonzept auch als sogenanntes "White-Label" an. Das bedeutet, dass andere Personen oder Institutionen risikofrei und unkompliziert selbst zum Herausgeber von Büchern und Buchreihen unter eigener Marke werden können. tredition übernimmt dabei das komplette Herstellungs- und Distributionsrisiko.

Zahlreiche Zeitschriften-, Zeitungs- und Buchverlage, Universitäten, Forschungseinrichtungen, u.v.m. nutzen diese Dienstleistung von tredition, um unter eigener Marke ohne Risiko Bücher zu verlegen.

Alle Informationen im Internet: **www.tredition.de/Buchverlage**

tredition wurde mit mehreren Innovationspreisen ausgezeichnet, u. a. Webfuture Award und Innovationspreis der Buch-Digitale.

tredition ist Mitglied im Börsenverein des Deutschen Buchhandels.

Über tredition

EIN EIGENES BUCH VERÖFFENTLICHEN

tredition wurde 2006 in Hamburg gegründet. Seitdem hat tredition mehrere tausend Buchtitel veröffentlicht. Autoren veröffentlichen in wenigen leichten Schritten gedruckte Bücher, e-Books und audio-Books. tredition hat das Ziel, die beste und fairste Veröffentlichungsmöglichkeit für Autoren zu bieten.

tredition wurde mit der Erkenntnis gegründet, dass nur etwa jedes 200. bei Verlagen eingereichte Manuskript veröffentlicht wird. Dabei hat jedes Buch seinen Markt, also seine Leser. tredition sorgt dafür, dass für jedes Buch die Leserschaft auch erreicht wird.

Im einzigartigen Literatur-Netzwerk von tredition bieten zahlreiche Literatur-Partner (das sind Lektoren, Übersetzer, Hörbuchsprecher und Illustratoren) ihre Dienstleistung an, um Manuskripte zu verbessern oder die Vielfalt zu erhöhen. Autoren vereinbaren direkt mit den Literatur-Partnern die Konditionen ihrer Zusammenarbeit und partizipieren gemeinsam am Erfolg des Buches.

Das gesamte Verlagsprogramm von tredition ist bei allen stationären Buchhandlungen und Online-Buchhändlern wie z. B. Amazon erhältlich. e-Books stehen bei den führenden Online-Portalen (z. B. iBookstore von Apple oder Kindle von Amazon) zum Verkauf.

Jetzt ein Buch veröffentlichen: **www.tredition.de**

EINE BUCHREIHE ODER VERLAG GRÜNDEN

Seit 2009 bietet tredition sein Verlagskonzept auch als sogenanntes "White-Label" an. Das bedeutet, dass andere Personen oder Institutionen risikofrei und unkompliziert selbst zum Herausgeber von Büchern und Buchreihen unter eigener Marke werden können. tredition übernimmt dabei das komplette Herstellungs- und Distributionsrisiko.

Zahlreiche Zeitschriften-, Zeitungs- und Buchverlage, Universitäten, Forschungseinrichtungen, u.v.m. nutzen diese Dienstleistung von tredition, um unter eigener Marke ohne Risiko Bücher zu verlegen.

Alle Informationen im Internet: **www.tredition.de/Buchverlage**

tredition wurde mit mehreren Innovationspreisen ausgezeichnet, u. a. Webfuture Award und Innovationspreis der Buch-Digitale.

tredition ist Mitglied im Börsenverein des Deutschen Buchhandels.